AF602562

# LE MIROIR DE FAVCONNERIE,

OV SE VERRA L'INSTRVCTION Pour choisir, nourrir & traicter, dresser & faire voler toute sorte d'Oyseaux, les muer & essimer, cognoistre les maladies & accidents qui leur arriuent, & les remedes pour les guerir.

*Dedié à Monseigneur le DVC de LVYNES*

Par PIERRE HARMONT dit MERCVRE,
Fauconnier de la Chambre.

A PARIS,
Chez Claude Percheron, Imprimeur & Libraire, demeurant ruë Galande aux trois Chappelets.
M. D. C. XX.

# A

## MONSEIGNEVR LE Duc de Luynes Pair & Grand Fauconnier de France, premier Gentilhomme de la Chambre du Roy, Gouuerneur & ſon Lieutenant general en Picardie, Boullonnoys & pays reconquis.

*MONSEIGNEVR,*

*L'honneur & l'obeiſſance que ie dois à voſtre grandeur, ſous l'authorité de laquelle ie ſuis ſi heureux que de ſeruir ſa Majeſté en l'exercice de la Fauconnerie, où depuis quarente cinq ans & plus ie me ſuis dedié pour le ſeruice des Roys ſes predeceſſeurs; m'ont donné* la hardiesse de recourir à vous sur le dessein que i'ay de laisser au public en ce petit Liuret, ce que i'ay peu acquerir d'experiẽce par mõ trauail & labeur cõtinuel en cet exercice; pour vous supplier tres-humblement d'auoir agreable l'offre que ie vous en fais, & le vouloir prendre en vostre protection, estant asseuré que sous vostre adueu & portant vostre nom sur son frontispice, il se deffendra plus facilemẽt contre les assauts des langues mesdisantes, qui trouueront plustost à dire sur les paroles & sur le discours rude & mal poly, n'estant de ma profession, que sur le sens de la chose que ie traicte, dont ie rendray tousiours raison par experience; ie sçay bien que ce n'est chose qui merite de paroistre à vos yeux, mais cognoissant la douceur & bonté naturelle qui est en vous, & le fauorable accueil que vous faites aussi tost à celuy qui vous presente en ses deux mains le peu d'eau qu'il a puisé dans le prochain ruisseau, comme fit ce grand Roy Artaxerxes à ce bon paisan ; que si c'estoit quelque riche present qui vous fust donné par quelque grand personnage sçauant & releué ; i'ay creu que vous considereriez plustost le zele & l'ardeur de mon affection, que la valeur de l'ouurage. Vous n'y trouuerez qu'vn recit tout simple & naïf de ce que i'ay experimenté depuis mon ieune âge iusques à present à traicter & faire voler les Oyseaux, tant de vol pour Riuiere, pour Pie, pour Corneille, que des oyseaux legers pour les champs, ensemble des maladies & accidẽts qui leur peuuent arriuer, des causes d'icelles, & des remedes singuliers que i'ay peu trouuer pour les guerir : ie n'ay suiuy ny les regles ny les loyx de ceux qui escriuent : mais seulement ce que i'ay peu rencontrer sui-

*uant mes conceptions. Vostre bel esprit suppleera facilement à tous ces deffauts, estant assez content & satisfait s'il y a quelque chose qui vous soit agreable, comme n'ayant autre dessein en toutes mes actions, ny d'autre ambition que de pouuoir le reste de mes iours me conseruer le tiltre de*

Vostre tres-humble & tres-
obeissant seruiteur
MERCVRE.

# AVANT-PROPOS.

TV ne trouueras estrange, Lecteur, si en la rudesse de mon discours, i'ay voulu te faire voir en ce petit ouurage tout ce que i'ay peu recueillir par ma peine & mon trauail, en l'exercice de Fauconnerie, depuis quarente cinq ans que i'ay eu l'honneur de seruir les feu Roys Henry III. & Henry IIII. que Dieu absolue, en qualité de Fauconnier de la Chambre, & continue encore à present en la mesme charge au seruice de sa Majesté. L'experience que i'ay eu en l'exercice continuel de nourrir, traitter & faire voler toute sorte d'oyseaux au contentement de leurs Majestez, & de tous mes superieurs, m'a donné subiect d'entreprendre ce petit Traitté le plus ſuccintement que i'ay peu, non pour ſeruir de Leçon aux Maiſtres & experimentez en l'Art de Fauconnerie; mais pour le contentement de tant de braues Seigneurs qui s'addonnent & prennent plaiſir en cet exercice delectable, & leur en donner quelque intelligence, afin qu'ils puiſſent mieux cognoiſtre & voir ſi leurs Oyſeaux ſeront bien traictez, & en eſtat, pour auoir plus de plaiſir de les voir bien voler; & de louër & admirer la bonté de Dieu en ſes creatures: qui a formé tant de belles & differentes eſpeces d'Oyſeaux, & les a doüez de tant d'excellentes qualitez pour recreer les Roys, Princes & grãds Seigneurs, & dõner quelque relaſche à leurs eſprits apres la fatigue du ſoing continuel de leurs Eſtats

ſtats & plus importans affaires ; fardeau ſi peſant, qu'il preiudicieroit grandement à leur ſanté, ſi Dieu ne leur auoit pourueu de quelque diuertiſſement digne d'eux, & conforme à leur grandeur, comme eſt cet exercice de voir & faire voler les Oyſeaux, eſtimé le plus noble & le plus agreable, pour l'agilité merueilleuſe & le noble courage de ces petitz animaux douëz d'vn inſtinct naturel ſi iuſte & ſi reiglé, qu'ilz ſemblent auoir quelque ſorte de iugement & de raiſon pour dõner plaiſir à leur Maiſtre en leurs pointes, leurs deſcentes & reſſourſes, & en l'adreſſe qu'ils ont à fondre comme vn tret ſur leur gibier & le prendre à propos : Ie dirois volontiers à ce ſujet l'exellence & la dignité des Oyſeaux, qui eſt ſi grande que tout ce qui a iamais eſté de plus saint, de plus excellent & de plus parfaict, a esté representé par des Oyseaux; le St. Esprit mesme s'est fait voir icy bas en forme & figure d'Oyseau; dans le Prophete Ezechiel les Sts. Euangelistes trompettes de la parole de Dieu ne sont-ils pas represẽtez par des Oyseaux? & notamment St. Iean cet Aygle qui a volé iusques dans le sein du Pere eternel : les Anges sont depeints auec des ailes d'oyseau pour leur agilité, & tant d'autres representations dont les escritures sont pleines; mais cela n'est pas ny de mon gibier, ny de mon dessein; ie me contenteray seulement de dire que ceux qui se veulent messer de cet exercice ont besoing d'auoir la veuë, l'ouye & la voix bonne, auec l'agilité & le iugement pour suiure leurs Oyseaux encore qu'ils ne les voyent, & se rendre assiduz & vigilans pour les traicter & tenir en estat, cognoissant la qualité & quantité des remedes qu'il leur faut donner, & les drogues dont il faut vser pour leurs maladies. Tu prendras donc en ce petit traicté, Lecteur, ce qui est de mon sens naturel & de mon intention, sans considerer la rudesse de mon discours mal poly; excuse si tu n'y rencontre l'ordre & les loix obseruées par ceux qui escriuent; car ce n'est pas ma profession.

# TABLE DES CHAPITRES.

*Comme il faut recognoistre & choisir les Oyseaux, tant d'Autrucherie que Fauconnerie, chacun en leur espece, de leur figure, taille & pannage, & pour cognoistre s'ils sont legers, courageux, de longue halaine, & roides à la toize.*

## CHAPPITRE I.

## *DE L'ESPERVIER.*

L'ESPERVIER sera mis le premier en rang comme le plus noble, il le faut choisir grand & large dessus & dessoubs, bien releué de mahuttes qui soient bien deliees, le vol long, la queue grosse & courte, de grosses mailles barrees & courtes, la main grande & deliee, court enjointé, le pannage à grosses mailles par le deuant faites en cœurs, tirant sur le roux, bordees de feu sur les mailles de derriere, de gros yeux à fleur de teste. Le Mouchet est le masle, mais on n'en faict point d'exercice.

## DE L'AUTOUR.

LE Tiercelet d'Autour suit apres, prenez le plus grand que vous pourrez, de mesme taille & pãnage que l'Esperuier, sinon qu'il soit tirant sur le brun, & de pannage chahuanné sur le derriere.

Pour l'Autour prenez le plus petit que vous pourrez, la main deliee, le mesme pannage du Tiercelet.

# DV FAVCON.

PRenez-le qu'il ſoit de moyenne taille, large deſſoubs & deſſus, bien releué de mahuttes & deliees, court enjointé, la main grande, ſeiche & deliee; la teſte petite & ronde, de gros yeux de Conil, le bec gros & court, les nazeaux grands, le frelon gros, la couronne groſſe & large; le corps court, l'eſpinette grande, le vol long bien affilé, qu'il ne croiſe guere, ſon pānage d'vne piece, ſur le derriere les mailles bordees de feu, de gros cœurs par deuant, le champ de ſon pannage tirant ſur le brun, qu'il ſoit bien couuert de manteaux & les auuans larges.

Le Tiercelet de Faucon doit eſtre choiſi le plus grand, de meſme figure & pannage que deſſus.

## *DV GERFAVLT.*

LE Gerfault doit eſtre choiſi de moyēne taille, la teſte petite, de gros yeux à fleur de teſte, les nazeaux grands, le bec de Corbin, qu'il ſoit tout d'vne piece, les mailles bordees de feu, la taille eſclame pour eſtre leger, qu'il n'aye point de haglures: & s'il en a qu'elles ſoient au mitan des mailles, autrement il ſera au hazard d'eſtre pillart, à quoy les Gerfaults ſont fort ſubiects; les mains ſeiches, les doigts longs &

Gerfant mué

deliez: Ils sont subiects à auoir des fontaines soubs les mains; le champ de son pannage soit gris. Tout oyzeau qui a le pannage bordé de blanc, s'appelle pannage d'Oye, qui est sans courage & mol au vent. Qu'il aye le vol long bien affilé, qui ne croise gueres.

Pour le Tiercelet de Gerfault prenez le plus grand que vous pourez de mesme figure & pannage comme le Gerfault.

## *DE L'ESMERILLON.*

PRenez-le le plus goussault que vous pourrez, large de mahuttes, le vol long bien affilé, la teste ronde, le bec gros & court, la langue noire, le corps court, la main grande & deliee, son pannage d'vne piece sur le derriere, par le deuant qu'il soit de grosses mailles en cœurs, & bordé de feu sur les mailles de derriere, & qu'il aye de gros yeux à fleur de teſte, le champ de ſon pannage tirant ſur le roux brun.

## *DV LANNIER.*

LE Lãnier ſera choiſi de moyẽne taille, la teſte moyẽne & ronde; de gros yeux à fleur de teſte; qu'il ſoit tout d'vne piece, ſinon deux mailles qui ſont ſur les manteaulx que l'on appelle febues; bien releué de mahuttes; le vol long & bien affilé qui ne croiſe point; bien couuert de manteaux; la main enſoreſſe ardoiſee, grande & deliee, le champ de ſon pannage tirant ſur le roux, & qui ſoit bordé de feu ſur les mailles de derriere.

Pour le Lanneret prenez-le plus grand que vous pourrez de meſme figure & panage cõme le Lannier.

Sacre muë apelé Le Glorieux

## DV SACRE.

LE Sacre ſera choiſi de taille eſclame, la teſte & les yeux gros & à fleur de teſte, le vol long bien affilé qui ne croiſe point, les mahuttes bien releuees & deliees, les nazeaux grands, le champ de ſon pannage brun & de groſſes mailles pardeuant, & qu'il n'aye gueres de feu ſur les mailles de derriere, de peur qu'il ne ſoit pillart, à quoy ils ſont ſubiects.

Pour le Sacret prenez-le plus grand que vous pourrez de meſme figure & pannage comme le Sacre.

## DES ALEPS.

VOus remarquerez icy la taille, pannage & excellẽce d'vne eſpece d'oyſeaux nõmez Aleps. Lors du mariage du feuRoy Henry IIII. que Dieu abſolue, la Royne en fit apporter vn que ſa Majeſté me bailla en garde, lequel i'ay mué huict muës, & l'ay tant gardé que ſa Majeſté le donna pour ce qu'il eſtoit trop vieux. Leur taille eſt comme d'vn Eſperuier, ils ont le vol comme vn Oyſeau de poing, ils ſont tout d'vne piece ſur le derriere, couleur d'ardoize: Sur le deuant ils ſont de couleur de zinzolin; la main comme vn Eſperuier; la teſte tient de leur eſpece n'y en ayant point de ſemblable. Ils ſont fort beaux, agreables, & bien aiſez à gouuerner: Ils mangent autant qu'vn Faucon, ils ſont durs cõme vn vieux Lãnier; ils endurent de grandes maladies, ils veulent eſtre nourris de bonne viande, ils ſont fort chauds dans le

corps;

corps; & se faut bien garder de continuer à leur donner le sang trop chaud, car vous les verriez esmutyr comme du sang, & incontinent vn grand dégoustement, qui leur apporteroit vne maladie qu'il faudroit penser par rafraichissement, comme ie deduiray au remede des maladies cy apres. Il ne les faut pas laisser sans eau fraiche & des pierres qui leur seruent de rafraichissement, & apres les rechauffent, & principalement à la muë: Il ne s'en estoit iamais veu en France: ils coustent trois ou quatre cens escus sans estre dressez: ce sont les plus excellens en leur qualité, & sont plus nobles en leurs actions que toute autre espece d'Oyseaux de Fauconnerie. Ils sont roides quand ils vollent: tellement que vous ne les voyez point remuer les mahuttes, & volent par eslans.

S'ils auoient la force comme ils ont le courage, vne Perdrix ne feroit que demy vol deuant eux. Il n'y a ny bois ny buisson qui l'a puisse sauuer deuant eux, & faut qu'elle meure si elle ne se met en terre: Ils font leur remise si iuste, que le plus souuent vous les resseruez vous mesme sans chiens: Si la Perdrix veut courre ou faire quelque ruse ou faux vol, vous les voyez branler & faire le mesme chemin que faict la Perdrix. Ils sont si subtilz qu'ils prennent dans les forts & par tout. Ils se mettent à la muë à la saison que l'on y met les autres, & faut les mettre en liberté dãs vne chambre. Ils sont fort aisez à dresser, & sont de leurre & de poing, ainsi que vous les voulez: Ils sont de fort bonne reprise: i'ay bien esté trois ans auant que de cognoistre leur naturel, & sont admirables tant aux champs qu'au logis.

Monsieur de Barrault estant en Ambassade en Espagne en enuoya vn qui fut encor plus excellent que celuy dont i'ay parlé cy dessus. Ie l'ay gardé neuf muës, puis il est mort par accident.

*Comme il les faut assurer, dresser, faire voller, & les tenir en estat.*

## CHAPPITRE II.

APRES auoir dict le naturel & proprieté des Oyseaux, & comme il les faut choisir; il est besoin de sçauoir comme il les faut assurer & leurrer; Premierement pour dresser vn vol pour riuiere, apres que vous aurez leué & choisi des Faucons de taille pour riuiere, il les faut poiurer, & leur faire la teste auec vn vieil chapperon, les asseurer, les tenir sur le poing, & ne les point quitter qu'ils ne soient gagnez, & qu'ils ne commencent à mettre le bec à la viande auec asseurance, puis se faut retirer à part qu'ils ne voyent que vous, & les mettre sur vn banc ou chose pareille, leur ostant le chapperon doucement, & leur faisant prendre la beccade auparauant qu'ils se soient recognuz en leurrant & parlant à eux; & selon leur asseurance vous les ferez sauter sur le poing. Ayant faict ce que dessus trois ou quatre iours, comme vous recognoistrez leur asseurance, vous les porterez au iardin, & mettrez ſur la pierre, leur oſtant le chappe-ron, & leur baillant la beccade auparauant qu'ils ſe ſoient recognus, ce que vous ferez trois ou quatre fois pour les bien aſſeurer, l'aſſeurance eſtant le plus neceſſaire en vn oyſeau, & principalement vn hagart. Il y a de deux ſortes d'aſſurãce, ſçauoir à la chambre & au iardin; le iardin repreſente les champs, cóme quand l'aurez perdu de veuë quelque temps, que vous alliez à luy, s'il eſt bien aſſuré au Iardin il vous attendra, ce qu'il ne fera pas n'eſtant aſſuré qu'à la chambre; le premier poinct de Fauconnerie eſt de bien donner l'aſſeurãce à voſtre oyſeau, car ſans l'aſſeurance il ne peut auoir de creãce à ſon Maiſtre, & ſans creance il ne peut bien faire ny donner plaiſir: il volera aſſez ſans meſure ny ordre, quand on l'appellera pour le faire rentrer, il ne ſçaura que c'eſt. Les ayant donc ainſi bien aſſurez au iardin eſtant ſur la pierre, il les faut tourner, & à chaſque tour leur bailler la beccade, puis ſe retirer tant qu'ils tirent à la longe pour venir à vous, puis les faut quitter, & faire qu'ils ne vous voyent quelque peu de temps, puis reuenir à eux en parlant: s'ils vous attendent, le lendemain vous les pouuez paiſtre ſur le leurre, puis les leurrer entre deux hommes; comme ils partiront au branſle du leurre, faictes leur tuer vne poulle: puis quelques iours apres montez à Cheual, & leur en faictes tuer vne autre, puis vous les tournerez en leurrant & frappant du gan ſur la botte, lors vous verrez s'ils n'ont point de frayeur, & pourrez leurrer ſur leur ſoy. Ayant faict ce que deſſus faut trouuer vne mare, flache ou ruiſſeau, & à l'heure de paiſtre vous les pourrez leurrer l'eau eſtant entre vous & eux, & qu'il y aye vn garçon auec vne baguette battant l'eau auec vn oyſeau de riuiere à la main: comme vous leur aurez caché le leurre, vous leur ferez faire trois ou quatre tours en parlant à eux, puis lors qu'ils ſerõt bien tournez, leur faire ietter l'oyſeau de riuiere bien à propos en criant La, la, la, la; puis leur en faire bonne chere: & leur continuez deux ou trois curees en ceſte façon: puis il faut trouuer à voler pour bon, & ietter le premier de vos oyſeaux, lequel ayant remis l'oyſeau de riuiere, faut ietter le ſecond Faucon; que s'ils foruident, faut auoir l'Oyſeau de riuiere à la main, & le ietter bien à propos en criant comme il est dit cy dessus: Et ainsi continuer tant que vos oyseaux ayent pris,&qu'ils soient bien à la chair; puis faut ietter ce premier dressé qui seruira de guide pour chasser le change, & mener voler les autres, puis comme ils seront bien à la chair, & bien volants, ayant pris, il leur faut arracher, & les faire retourner voller, qui est l'excellence des oyseaux que l'on iette à mont, qui soustiennent soit pour riuiere, soit pour pie ou pour les champs.

## *DV VOL POVR PIE.*

LEs Tiercelets de Faucon sont propres à dresser pour le vol pour pie. Il les faut asseurer & leurrer comme il est dict cy dessus du Faucon: estans leurrez & duits à partir au tir au branſle, il leur faut cacher le leurre, & auoir vne Pie à la main, & les laiſſer tourner deux ou trois tours, & à leur retour leur ietter la Pie bien à propos, & auoir d'vn Pigeon vieux, & leur en donner par deſſous l'aiſle de la Pie, & qu'il ſoit bien habillé, afin qu'ils ne voyent point le pannage: & apres leur auoir donné deux ou trois curees, vous trouuerez la Pie en quelque lieu en beau voller, & ietterez le Tiercelet le plus ſage pour chaſſer le change & ſeruir de guide: comme il aura faict deux ou trois tours, luy faut monſtrer la Pie, & l'ayant remiſe, faudra ietter les autres, & leur monſtrer chaudement, & leur faire prẽdre s'il eſt poſſible, & leur donner trois curees en ceſte ſorte auec le vieux Pigeon comme il eſt dit cy deſſus. Vne autre fois faut ietter voſtre guide, & comme il aura faict quatre ou cinq tours iettez les autres, & leur monſtrez auparauant qu'ils ſoient à leur vollerie, & comme vous leur aurez monſtré laiſſez-les aller voller, & les faictes prendre en ceſte ſorte, leur donnant trois ou quatre fois curee; & eſtant ainſi bien à la chair comme il eſt dit cy deſſus, vous arracherez pour les faire retourner voller, qui eſt la perfection, mais pour arracher faut que la priſe ayt eſté bien toſt faicte: & encor qu'il n'y aye plus rien en la vollerie, il ne faut laiſſer d'arracher pour les apprẽdre à les cherrier, & les faire retourner voler long-temps là haut, puis leur ietter la Pie bien à propos; ce faiſant vous les arreſterez & leur donnerez creance.

## DV VOL POVR CORNEILLE.

LE vol pour Corneille eſt plus facile que tous les autres, il faut choiſir trois Faucons bien frais pris, & de taille & pãnage d'eſtre chauds & courageux, les aſſeurer & leurrer comme cy deſſus: puis leur faire tuer vne poulle noire, & attendre vers le ſoir à l'heure de paiſtre, & aller trouuer vn Chartier & Laboureur où il y aye des Corneilles, ſeroit bon qu'il n'y en euſt qu'vne, & là mettre pied à terre, & ſe couurir du Laboureur; & ietter à-ly tout d'vne main; eſtant priſe il leur en faut faire bonne chere iuſques à trois ou quatre curees, puis trouuer des Corneilles pres de quelque arbre, afin qu'elles s'y rendent, pour faire apprendre & cognoiſtre le combat à vos oyſeaux, & que vous ayez moyen de les joindre quand ils auront remis en vn village ou en quelque fort.

L'annee du ſiege de Paris i'auois deux Faucons & vn Sacret que ie fis voler tout le long de l'hyuer ſans les perdre, leſquels i'auois dreſſé de ceſte façon. Les Sacrets pour Corneille ſont admirables.

## *DV VOL POVR les Champs.*

EN cet exercice, de tous les Oyſeaux qui ſouſtiennēt, les meilleurs & les plus propres ſont les Faucons niaiz que l'on apporte des montaignes: ſi toſt qu'ils ſont ſecz il les faut leurrer, comme ils ſont leurrez il leur faut cacher le leurre, & quand ils viennent à vous les cherrier & laiſſer tourner en parlant à eux cóme en chassant; puis faut auoir quelque petite poullette rousse de pannage de Perdrix à la main, & leur ietter iusques à trois ou quatre fois; puis trouuer vne Perdrix ou Perdreau remis, & jetter l'oyseau à mont en leurrant, & luy faire prendre, s'il est possible, iusques à quatre ou cinq curees; puis les ietter à mont, & les faire soustenir; Il ne faut pas faillir d'auoir du vif pour les faire iouïr iusques à ce que ils soient bien à la chair & bien arrestez, car ils sont forts à eschaufer. S'ils ne veulent voler à tire d'aisle, faut auoir vne Perdrix & leur faire prendre à la plaine pour les faire dégourdir & déployer les aisles: Si vous leur donnez d'vn vieux Pigeon gardez vous qu'ils ne voyent le pannage. Apres qu'ils sont eschaufez ils font des carrieres, &

veulent aller à la chasse au change. S'ils y vont plus que ne desirez, il leur faut espinceter le bec & les serres iusques au sang, vous les verrez reuenir vous chercher, par ce moyen ils ne pourrront manger que ce que vous leur donnerez, & n'y a rien qui oste tant la gloire d'vn oyseau que luy espinceter le bec & les serres, & qui le face plus rendre à commandement. Tous les Compagnons de l'exercice de l'art de Fauconnerie, qui n'ont faict voler les oyseaux legers pour les champs, les mesprisent; mais qu'ils considerent que nous les iettons à mont sans rien voir, & qu'il faut qu'ils ayent vne si grande creance à leur Maistre, qu'ils soustiennent & suiuent vne heure & deux sur luy iusques à ce que leur gibier se rencontre; ce qui n'est pas pour riuiere, & pour Pie, car ſi toſt qu'ils ſont à leur volerie on leur monſtre leur gibier, pour Milan, pour Heron, pour Corneille, en iettant à-ly ils voyent & avuent leur gibier; s'ils le faillent, leur faut ietter la poulle: mais pour les Oyſeaux pour les champs legers qui ſouſtiennent, il faut conſiderer & voir touſiours voſtre oyſeau à veuë, & voir la queſte de vos chiens, parler à voſtre oyſeau pour le tenir ſubiect. Il arriue bien ſouuent que quelque eſpagneul qui faict ſa chaſſe à part faict partir quelque Perdrix à perte de veuë; & voſtre oyſeau qui eſt auſſi à perte de veuë à mont en deux tours d'aile fera vne deſcente & aſſommera & ramaſſera la Perdrix, tellement que l'ayant perdu de veuë vous voila en queſte: ainſi faut auoir bonne veuë & bon iugement pour voir & iuger où vostre oyseau en fondant fait sa pointe, quelquefois en vne plaine là où n'y a point de fort, vne autre fois dans vn village; Il faut estre agile pour sauter les hayes, fossez & murailles pour resseruir vostre oyseau à la remise.

## DE L'EXERCICE *de l'Esmerillon.*

IL le faut assurer & leurrer comme le Faucon, puis luy faire escap de ce que vous luy voulez monstrer & faire voler : l'Esmerillon tient du naturel du Faucon, pour ce qu'il est hardy & oyzeau d'étreprise, il volle pour le Pigeon scillé pour la Perdrix, les Perdreaux, & l'Alouette. Il est fort courageux & de longue haleine; Il est fort agreable à ses entre-

prises:

prises : il tient du Gerfault en ce qu'il est fantasque &quinteux, quãd il a eu vn desplaisir, il est bien malaisé de luy faire oublier ainsi qu'au Gerfault.

## *DE L'EXERCICE du Gerfault.*

PRemierement il le faut poiurer, l'assurer, & faire la teste auec vn vieux chaperõ, le leurrer comme le Faucon, & luy faire tuer vne poulle seulement de peur de le trop eschaufer, gardez vous bien en le dressant qu'il aye vne frayeur &qu'il ne se iette soubz le poing & ne face le tour : il est fort aizé quand il est manyé comme il faut, mais s'il est rudoyé, il est bien difficile de le remettre ; sa vollerie est pour Milan, pour Buze & pour Heron ; il est excellent & courageux en ſes entre-priſes, & de longue haleine.

Pour le Tiercelet il eſt encor plus chatouilleux que le Gerfault & plus delicat : vous le pouuez faire voler pour Milan, pour Heron, pour la Perdrix, pour le Chahuant, pour Courlis & pour Corneille.

Le Comte Maurice enuoya deux Gerfauts au feu Roy Henry 4. que Dieu abſolue eſtant au ſiege de Rouen, qui voloient pour Riuiere, ils me furent baillez par ſa Majeſté, & apres les auoir eſprouuez, il les remit pour Heron, par ce qu'il n'a-uoit point en ce lieu à voler pour Ri-uiere proche du ſiege, il falloit al-ler trop loing: à la verité ils voloiēt fort bien pour Riuiere, mais ils n'e-ſtoient encore ſi agreables comme ſont les Faucons.

# DE L'EXERCICE du Sacre.

LE Sacre est de sõ naturel timide & froid, mais quãd il est eschauffé en sa vollerie pour Milan ou pour Heron, il est chaud & furieux & de longue haleine: son combat est fort agreable, il donne par dessus, & faisãt sa pointe par dessoubz, il se dresse comme il est dit cy dessus du Faucon, mais il ne luy faut tuer qu'vne poulle de crainte de le trop eschaufer, & le rendre pilliart à quoy ils sont fort subiectz; le principal c'est de luy faire cognoistre le pannage de ce que l'on luy veut faire voller: quand il est arresté il est fort aysé: il est de dur naturel & endure grande faim, trauail, & de grandes maladies, il se traicte de toute sorte de viandes, les maladies qui luy suruiennent sont desfluctiõs qui luy tombent sur les yeux & sur les mains, ie metray au chappitre des receptes ce que i'ay experimenté pour les remedes.

Le Sacret est de mesme espece, mais il est plus delicat & plus agreable, il volle pour Milan, & pour Heron, pour Corneille, pour Courlis, pour Chahuant, & pour les champs; il est fort aysé à gouuerner & à tenir en estat: il est bonne reprise, il endure grand faim, il n'est pas si flumatique que le Sacre ny si subiet aux defluctions, sa volerie est bien plus agreable. Du temps du feu Roy Henry III. nous faisions des getz admirables auec deux Faucons & vn Sacret pour Corneille.

## DE L'EXERCICE du Lannier.

POur le Lannier ie ne diray point comme il le faut dresser, puis que tout oyseau de leurre se dresse comme le Faucon, ayant tous le nom general de Faucons, selon le dire des Italiens qui disent le tenir des Grecs, comme le Faucon estant le premier & le plus excellét, & qui donne le nom de Fauconnier. Le Lannier est propre pour les champs; il est mol & sans courage, il volle de faim & de necessité. Sa vollerie n'est aucunement agreable si ce n'est vn Lannier de passage; il est fort flumatique, il le faut purger souuent, autrement il deuiét plein de flumes & d'humeurs qui le rendent sans appetit, ie diray au chapitre des remedes ce que i'en ay experimenté.

Pour le Lanneret, il eſt plus agreable en ſa vollerie, il volle pour les champs, pour Courlis, pour Chahuant, pour Corneille : il eſt aiſé à gouuerner & à tenir en eſtat, il n'eſt pas ſi flumatique que le Lannier, ny ſi ſubiet aux maladies.

## DES ALFANETS.

IE repreſenteray encore vne eſpece d'Oyſeaux nommez Alfanets. Vn Seigneur eſtranger en enuoya quatre au feu Roy Henry IIII que Dieu abſolue qui eſtoient beaux, blons & garnis richement, ils me furent baillez par ſa Majeſté. Ils ſont de la taille d'vn Lanneret, ſans courage & mols au vent ; leur vollerie eſt pour les champs, ils ne font que papillonner.

Lors du Mariage de feu Monſieur de Ioyeuſe, vne Dame en donna deux beaux lauez de muſque au feu Roy Henry III. qui me furent auſſi baillez, mes Compagnons ny moy n'en peuſmes rien faire, ils ſe laiſſent aller au vent eſtans ſans courage.

Le feu Roy les ayant recognus en donna deux à feu Monſeigneur le Coneſtabe qui les garda trois ans pour leur beauté ſans qu'ils priſſent vne ſeule Perdrix, depuis l'on n'en a point fait d'eſtat en France, & les Marchans n'en apportent plus.

*Comme il les faut mettre à la muë, & les nourrir & traicter en icelle: Comme il les faut sortir de la muë, & les essimer, le goust & qualité des viandes qu'il leur faut donner selon les saisons.*

## CHAPITRE III.

IE diray aussi comment il faut traicter & nourrir les oyseaux tant à la muë que volans: depuis quarante cinq ans que i'ay esté employé en cet exercice, ie m'y suis tousiours cõduit auec tant de soing, & m'y suis rẽdu si assidu, que ie n'ay donné subiect à mes superieurs de s'en plaindre, ie m'en remets à eux pour en dire la verité.

Pour bien traicter les Oyseaux selon leur espece, faut faire vne disposition

position du goust & qualité des viandes, sçauoir & cognoistre leur proprieté, car ce qui est bon en vne saison n'est pas bon en vne autre. En hyuer faut donner de celle qui nourrit le plus; & en Esté de la plus legere & passante. Pour les bien traicter & faire viure longuement, il est necessaire que toute personne qui a des oyseaux en charge y aye de l'affection auec autãt de soin qu'vne Nourrisse a de son enfant; Il les faut tenir nettement dedans le corps & dehors, ne leur donner iamais de viande qui ne soit bonne & bien nette; il ne leur faut iamais donner à mãger qu'auec appetit, & se faut bien garder de leur donner de trop grosses gorges, ny gorge sur gorge: faut bien recognoistre le naturel de vostre Oyseau, considerer quelle viande il enduit le mieux, si c'est quelque viande grossiere, il n'en faut guere donner, & considerer l'heure que vous luy donnez à manger, ce qui ne se faict par l'heure de l'horloge, mais selon sa disposition, voyant la façon comme il enduit : s'il tient sa gorge plus de quatre ou cinq heures, presentez luy de l'eau fraiche dans vn verre : si le temps & l'heure le permet, presentez luy le bain. Il n'est pas possible de mettre toutes les necessitez qu'il faut aux oyseaux si particulierement, si ceux qui les ont en charge ne les aymẽt, & ne considerent ce qui leur faict besoing ; c'a esté l'affection qui m'a faict cognoistre ce que ie mets par escript. Il faut que celuy qui a la charge des oyseaux couche aupres pour les voir curer tous les matins; ayant curé & parcuré, il les faut faire tirer deuant le feu, & ne les pas trop eſmouuoir, principalement par de grandes froidures. Apres auoir tiré les faut laiſſer ſecoüer ſur le poing. S'il faut aller aux châps, faut que vous congnoiſſiez ſi voſtre oyſeau doit eſtre abeché ou non, & conſiderer le temps qu'il fait; ſi le temps eſt piquant ou non, quâd vous auez peu voſtre oyſeau, & quelque temps apres que vous le viſitez pour voir comme il enduit, ſi vous voyez qu'il mette bas, & puis qu'il remonte ſa gorge, & qu'il ſe chappe les yeux & ſe heriſſe, faut que vous croyez que ceſte gorge ne luy eſt point agreable; & s'il la tient plus qu'il ne doit, faites le abbatre, & luy fringuez deux fois voſtre pleine bouche d'eau fraiche, cela luy fera enduire ou rêdre incontinent: ſoit qu'il la rende ou qu'il l'enduiſe, il aura de mauuais rapports; vous le verrez machonner & deſirer de l'eau; il luy faut bailler le gros d'vne cure de conſerue de roſe ſeiche pour faire paſſer le gouſt & la corruption de ceſte mauuaiſe viande: gardez vous bien de luy donner à manger de quatre ou cinq heures apres, car la viande prendroit le gouſt de la corruption de l'autre, & luy faut laiſſer venir ſon appetit, & luy bailler ſeulement le gros d'vne cure de viande qui ſoit liquide, legere & biẽ paſſante, faiſant qu'il demeure touſiours en ſon appetit, & il ne ſera point malade. C'eſt comme ie me ſuis gouuerné, & les ay faict voler & muër les vns neuf, dix, vnze & douze muës, tant qu'ils meurent de vieilleſſe. Et c'eſt proprement l'interpretation du mot Tien-bien en la Fauconnerie, que l'on dit estre le premier & dernier mot, non pas pour bien tenir son oyseau, mais pour le bien traicter & tenir en estat, faisant ce que dessus, & pour le reprendre promptement quand il est aux champs.

## DES VIANDES *pour les Oyseaux.*

IE diray donc le goust & qualité des viandes; afin d'en donner à vos oyseaux selon le temps, la saison & naturel que vous cognoistrez leur estre necessaire.

Premierement la poulle faict le Fauconnier; principallement aux oyseaux volans; elle nourrit vostre oyseau temperamment, elle le tient en santé, en appetit, en haleine, & en estat.

Le vieux Pigeon eſt trop chaud, il nourrit trop, il faict perdre l'appetit à voſtre oyſeau, & le rend fier; Il n'eſt propre que pour la muë, encor faut-il luy arracher la teſte, & le laiſſer ſeigner & mortifier. Ie diray la raiſon au mal ſubtil.

L'oyſeau de riuiere eſt vne bonne & douce viãde, elle donne trop de nourriture, il n'en faut guere donner ſans lauer à la mare ou ruiſſeau, il y a vne eſpece d'oyſeaux de riuiere nommez Giure, qui ont le bec tranchant comme vne faucille, & auſſi des Martinets & Cheualliers, dont la viande en eſt aigre & d'aſſez mauuaiſe digeſtion.

La Perdrix eſt vne viande douce, nourriſſante, ſauoureuſe & bien paſſante, & tient voſtre oyſeau en haleine, en eſtat, en appetit & en ſanté.

Nous auons de trois especes de Corneilles, le Frayon, l'Emmentelee & la Corbine. Le Frayon est assez bõne viande, elle est aigrette, ne donne guere de nourriture, elle donne appetit à vostre oyseau, le sang en est bon contre les filandres. L'Emmentelee est vne viande grossiere, qui salit vostre oyseau, elle approche de la substance du Porc, & principallement celles qui sont nourries autour de Paris. La Corbine ne vaut rien.

La Pie est vne viande aigre, legere & passante, elle ne donne guere de nourriture à vostre oyseau, & luy donne appetit.

Le Geay est encore plus aigre, & de plus mauuaise digestion.

L'Estourneau est vne viande aigre & mauuaise.

Le Merle est assez bonne viande aigrette.

Le Chocats est vne viande assez bonne, encore qu'elle dure, & qu'il aye mulette; tout oyzeau qui a mulette n'est pas propre pour les oyseaux de Fauconerie pour en faire lõgue nourriture, ils en deuiendroiẽt bien tost malades, ils n'en veulent que par necessité, & n'en veulent point à la muë.

Le Chahuant est vne viande douce, bien passante & legere, elle ne donne guere de nourriture.

L'Alouette & Cocheuis est vne bonne & excellente viande, elle donne bonne nourriture, & tient vostre oyseau en estat, en haleine, & en santé.

Les Hirondelles & Martinets c'est vne viande fort chaude, ils ne sont bons que pour la muë; Il les faut escorcher pour oster l'amertume qui eſt à la peau.

Les Moineaux c'eſt vne viande chaude, elle n'eſt pas bonne pour vn oyſeau malade, elle n'eſt propre que pour la muë.

Les petits oyſeaux des bois pris au nid ſont bons quand ils ſont couuerts de plume pour les oyſeaux à la muë, ils ſont fort delicats.

La Pie grieſche ne vaut rien, ny la Poulle d'eau.

Le vieux Ramier eſt de la meſme ſubſtance du vieux Pigeon; le ſang eſt encor plus groſſier & plus chaud.

Le Biſet eſt de meſme ſubſtance, ſinon que ſon ſang n'eſt pas ſi groſſier ny ſi chaud, il faut bien lauer toutes ces viandes chaudes.

La Tourterelle eſt vne bonne viande, delicate & bien paſſante, la nourriture en eſt legere.

La Poulette eſt vne viande legere & paſſante, elle ne donne guere de nourriture, elle tient voſtre oyſeau en eſtat & en ſanté.

Le Perdreau eſt de meſme ſubſtance encor plus leger & paſſant.

La Pupu & le Tuercos ce ſont de mauuaiſes viandes & aigres.

La Bergeronnette eſt vne bonne viande.

Le Lieure eſt vne viande auec le ſang tout chaud aigre & paſſante, elle ne donne guere de nourriture, elle met voſtre oyſeau en eſtat, & à continuer elle luy diminuëroit ſon corps.

Le Lapin eſt vne viande legere, paſſante, qui ne donne guere de nourriture, il en faut donner à vn oyſeau qui fait de mauuais eſmeux.

Les Mulots rouges des champs c'eſt vne bonne viande, delicate

& bien passante; elle est fort bonne pour vn oyseau malade.

Pour la viande de boucherie, le Mouton est vne viande chaude, bien nourrissante; elle remplit vostre oyseau & luy dône de la craye, & luy faict auoir vne courte haleine; elle le rend pesant, & luy donne vne indisposition; pour continuer il la faut bien tremper & lauer. Le cœur de Mouton est vne viande sans substance.

Le Bœuf est vne viande grossiere, passante, qui ne donne guere de nourriture; mouïllee elle eslargit le boyau à vostre oyseau, & le faict faire de grands esmeux; à continuer il perdroit son corps; il est bon de luy en donner vne fois la semaine. Le cœur de Bœuf est vne mauuaise viande & sans substance.

Le Veau est vne viande legere

ſans ſubſtance, douce & paſſante, elle n'eſt propre que pour mettre vn oyſeau en appetit, & ne vaut rien pour la nonrriture des oyſeaux.

Le Porc eſt vne viande groſſiere qui ſalit & faict perdre l'appetit à voſtre ovſeau, il n'en faut guere donner, ſi ce n'eſt quelque gorge à vn oyſeau qui perd ſon corps, ou quand il faict vn extreme froid, par ce qu'il donne vne grãde nourriture & groſſiere.

## *POVR METTRE LES Oyſeaux en muë.*

LE temps & ſaiſon de mettre les oyſeaux à la muë eſt la fin de Mars; on a voulu rompre cet ordre, mais c'eſt choſe impoſſible, car la Prouidence de Dieu n'eſt pas moindre pour ce qui eſt de la chaſſe que és autres œuures: dautant qu'en ceste saison les bleds sont grands, les vignes sont en bourgeon, les Roys, Princes & Seigneurs s'exercent aux chiens courans dans les Forests.

Ie diray donc comme i'ay veu mettre & ay mis les oyseaux à la muë, tant d'Autrucherie que Fauc̃onerie. Les Esperuiers, Tiercelets & Autours se mettent à la muë sur la fin de Feurier dans des chambres en liberté chacun en son particulier, où il y aye deux cages, l'vne au leuant, l'autre au couchant, auec vn banc haut esleué ou chose semblable, où il y aye des attaches de cuir pour attacher leur viande, & qu'il y aye plusieurs perches & de l'eau fraiche dans vn bassin de terre plõbé de vert, & du sable: si vous leur donnez des Pigeons, gardez vous bien qu'ils ne voyent le pannage, il les faut nourrir de bonnes viandes. Comme ils auront ietté le couteau, douze ou quinze iours apres lauez leur la viande, & leur gagnez l'appetit pour les tirer quinze iours ou trois ſemaines apres, & leur donnez quelque petite purgation & rafraichiſſement qui leur ſoient propres, comme vous pourrez voir & recognoiſtre en ce petit abregé.

Pour les Faucons haguarts & paſſagers, faut qu'ils ſoient muez ſur le bloc, ſur des tables couuertes de gaſons, en vn lieu ſec, qui ne ſoit ny trop chaud ny trop froid, force ſable deſſus & deſſouz la table, il leur faut chacun vne aſſiette auec des courroyes pour attacher leur viande, & les nourrir de vieux Pigeons iuſques à ce qu'ils ſoient en corps, il ſeroit bien meilleur ſi on les pouuoit paiſtre ſur le poing;

ſi toſt qu'ils ont mangé, il les faut couurir doucement, & que les feneſtres ſoient couuertes de quelque groſſe toille. S'il y en a quelqu'vn qui ſe tourmente exceſſiuement, il luy faut bailler le chapperon de ruſtre; vous leur pouuez preſenter le bain ſous quelque feuillee au iardin, ſinon il les faut mouiller, & les ſeicher au Soleil, puis comme ils auront ietté le cerceau, il leur faut lauer la viande, & leur gagner l'appetit, & ſi toſt que l'appetit leur ſera venu, il les faut mettre ſur le poing, & les eſſimer, qui eſt la perfection de l'art de Fauconnerie.

Pour les Faucons niaiz, il les faut mettre dans chacun vne chambre où il y ait deux cages, vne au leuant, l'autre au couchant. Le temps de les mettre à la muë eſt à la fin de Mars; pour les mettre en eſtat de bien muer, il leur faut faire mãger du Mouton trempé dans de l'huille d'oliue battuë dãs trois paires d'eau fraiche, tant qu'ils soient en corps, puis les mettre dedans leur muë, & leur donner des Pigeons ieunes & vieux, & leur bien habiller qu'ils ne voyent point de pannage en leur muë, il faut qu'il y aye des perches, du sable & de l'eau, des pierres, & des assiettes pour leur attacher la viande, il seroit encore meilleur de les paistre sur le poing. Il les faut visiter trois ou quatre fois le iour, voir comme ils enduisent, & quand il sera temps de leur donner à manger; Il les faut tenir nettement, il ne leur faut pas laisser de viande de reste deuant eux, faut recognoistre quelle viãde ils enduisent le mieux, & leur en donner, en les traictant auec grãd soin de tout ce qu'õ reco-

gnoistra

gnoiſtra qui leur ſera beſoing ſelon ce qui leur peut arriuer. Ayant ietté le cerceau il leur faut lauer la viande & leur gagner l'appetit, puis les mettre ſur le poing, & les bien eſſimer, car ce n'eſt pas la maiſtriſe de bien muer, mais de bien eſſimer & gagner l'haleine de voſtre Oyſeau, & le remettre bien en eſtat. Ayant faict ce que deſſus vous luy donnerez quelque pileure douce; puis comme il aura vollé trois ou quatre fois, vous luy donnerez à ietter, & luy ferez rendre le double de la mulette: mais pour ce il faut prendre le temps à propos, qu'il ne face ny trop chaud, ny trop froid.

L'experience m'a appris que les Faucons paſſagers muent auec grãde peine, ſoin & trauail, quand ils ont ietté vne panne, ils ne iettent point l'autre que celle là ne ſoit reuenue; Ils ſont fort ſubiets à eſtre degouſtez & chatouilleux : quant aux niaiz, ils iettent ſans ordre ny meſure, quand ils ſont bien traictez ils iettent quelquefois deux ou trois pannes tout en vn iour, ils font plus de peine à eſſimer qu'a muer.

Pour les Eſmerillons il les faut traicter comme les Faucons auant que de les mettre dans la muë, puis les mettre dans vne chambre où il y aye deux cages, l'vne au leuant, l'autre au couchant, & qu'il y aye des perches, de l'eau, du ſable & de petits cailloux; vous en pouuez mettre deux ou trois enſemble, & ſi vous les voulez traicter ſelon leur deſir, ne leur hachez iamais leur viande, faut qu'ils la tirent beccade à beccade, & pour preuue quand ils ſont à la perche ils ne ceſſent de tirer tãt que quelque fois ils ſe mangent les mains, & sont tousiours en action, oyseaux de courage & d'entreprise, il les faut essimer comme le Faucon: ils sont subiects à auoir des mites ; i'en mettray le remede cy apres.

Pour le Gerfault & Tiercelet de Gerfault, Sacre & Sacret, ils desirent d'estre en quelque chambre austere, là où ils ayent bien peu d'air, & qu'ils soient seichement, force sable dessus & dessoubz leur table, leur faut bailler le chapperon de rustre, & qu'ils mangent tous couuerts, faut qu'ils n'entendent point de bruit s'il est possible. Ils se nourrissent de toute sorte de viande, il les faut essimer & rassurer comme s'ils estoient ramage.

Pour le Lannier & Lanneret, il les faut mettre en quelque lieu sain & net, qui ne soit ny trop chaud ny trop froid, auec vne table & des blocs dessus, du sable dessus & dessouz la table; vous les pouuez paistre sur le poing ou bie͂ sur l'assiette. Ils so͂t fort famils & aisez, ils se traictent de toute sorte de viande, & s'essima͂t co͂me le Fauco͂: en les mettant à la muë il leur faut donner de l'huille comme aux Faucons, ou bien des pileures douces ou à ietter, par ce qu'ils sont fort subiects aux flumes. Comme ils n'auront plus à curer il s'en fera vn tel amas qu'il leur en viendra vne defluxion sur les yeux ou sur les mains.

*Comme il faut remedier à toutes ſortes de maladies qui leur ſuruiennent, tant dedans le corps que dehors, de choqueure, piqueure & autres accidens: enſemble les drogues & medicaments propres à chacun en ſon eſpece.*

## CHAPITRE IIII.

IL arriue quelquefois que les oyſeaux en volant ou autrement ſe blecent aux mains, qui leur viennent enflees. Le premier remede il les faut ſeigner, couper la ſerre hors l'homme, & les laiſſez ſeigner vne heure ou plus: puis auec vn feu leger touchez leur le bout de la ſerre pour l'eſtancher. S'ils n'amendent, prenez de la iombarde vne poignee, du fenouil grec, de la graine de lin, des roses de prouin, chopine de vin clairet le plus couuert que vous pourrez, prenez vn pot neuf, & faites bouillir le tout ensẽble iusques à ce qu'il deuienne en mart, & de ce estuuez les deux ou trois fois le iour: s'ils ne se guerissent, il faut laisser resoudre le mal, & comme l'on verra le mal appostumer, faut auoir vn petit ferrement, auec lequel il faut donner le feu, puis auoir des limaçons rouges, & les presser, & de ce qui sortira les en frotter pour amortir le feu, apres les faut gresser de gresse de poulle.

Il arriue aussi que les oyseaux en vollant ou autrement s'arrachent vne serre: faut auoir de la tormentine de Venise auec des crottes de Cheure, faire vn petit doigtier bien iuſte, & l'emplir de la cõpoſition cy deſſus, & le laiſſez l'eſpace de trois ſemaines il ſe reſoudra vn ongle qui luy ſeruira aucunement, & n'en ſentira point de mal.

Il arriue quelquefois qu'vn oyſeau s'arrache les pannes aux aiſles en vollant ou autrement : pour ce faut conſiderer que ce qui tient les aiſles eſt comme vne chair nerueuſe qui tiẽt ce tuyau enſerré, que ſi toſt qu'il eſt hors le trou ſe referme, & la panne demeure eſteinte : pour à quoy remedier faut auoir vn grain d'orge auec du baume que vous mettrez le pluſtoſt & le plus auant que vous pourrez dans le trou, & gardez vous bien de le faire ſeigner, la panne qui reuiendra fera ſortir le grain d'orge tout ainſi que quand ils muent : les pannes ne tombent point que les ieunes ne les pouſſent,

& le trou ne demeure iamais vuide.

Deffunct Monsieur de Vic estant Gouuerneur de St. Denis, contre mon aduis arracha les pannes d'vn Faucon pour l'auancer de muer, il fut gasté, & reuint bien du menu pannage du corps, mais les pannes des aisles & de la queuë demeurerent esteintes.

Il arriue quelquefois aux oyseaux estans bien traictez à la muë qu'ils font des œufs, c'est quand nature est nourrie à contentement. I'ay mué vn Faucon vnze mues qui en a faict six muës durant, vne annee cinq, vne autre six, & vne autrefo is sept, gros comme des œufs de poullette marquez de rouge. I'ay mué deux Aleps neuf muës, qui n'ont pas failly d'en faire toutes les muës; Ils sont fort malades trois ou quatre iours auparauant qu'ils veulent pondre ils crient leur ramage, & ne veulent point manger, cela leur faict grand dommage, & leur diminuë la force, & leur pannage n'eſt pas ſi bien nourry. Pour les en empeſcher ie pris de l'eau d'andiue, de l'eau de vigne, de l'vrine d'vn enfant maſle le tout meſlé enſẽble pour y trẽper leur viãde iuſques à ce que ceſte fantaiſie fuſt paſſee: m'eſtãt auiſé de leur faire ce remede au bout des ſix premieres annees que ie les auois fait muer, ils n'en firent plus; en quoy i'ay remarqué ceſte experience.

Il arriue aux oyſeaux tant à la muë qu'en vollant vne certaine vermine nommee des tignes, cela eſt comme des mites, qui s'attachẽt le lõg du tuyau des groſſes pannes, ce qui les trauaille tant, que quelquefois ils coupent leur pannage

Pour remedier à ce, faut faire de la cendre de serment, & en faire de la lessiue, en lauez-le pannage de vostre oyseau, & il sera guery; cela vient de les tenir salement.

Les oyseaux qui soustiennent, comme pour riuiere, pour Pie, & pour les champs, en faisant des descentes ils sont subiects à se donner de grands chocs, & quelquefois tombent comme morts. Il faut auoir de la momie, & la mettre dans vn cœur de poulle, ou chose pareille, & leur faire aualer; & selon l'estat comme ils seront les enuoyer au logis, & ne leur donner à manger de long temps apres, qu'on leur dõnera quelque viande legere, & bien passante: & s'ils se trouuẽt mal, faites leur des pileures douces, & y adioustez vn petit de rubarbe; & ne leur donnez à manger de quatre ou cinq heures apres, & faictes qu'ils demeurẽt en leur appetit. ſi c'eſt vn oyſeau de paſſage, dõnez luy d'vne cuiſſe de poulle, par ce que la poulle eſt plus propre & repreſente mieux la viande du paſſager: ſi c'eſt vn oyſeau niaiz, donnez luy d'vn filet de Mouton, par ce qu'il en a eſté nourry. Il faut quand vous auez vn oyſeau malade ou degouſté, que vous ayez ſouuenãce quelle viãde il deſire & enduit le mieux, & luy en dõner

Il arriue aux oyſeaux vne maladie au bec qui leur vient de tigne, quand le bec leur vient plein de grands bleſmes, cela vient de ſeichereſſe : faut faire abattre voſtre oyſeau, & luy oſter tout ce que vous voyez eſtre blanc iuſques au vif, & il ſera guery.

Il arriue aux oyſeaux vne maladie qu'ils ne peuuent enduire ny rendre leur gorge, qui est le plus souuent lors que l'on les tient trop long temps sans manger estant aux champs ou autrement, ils mangent auec vn rauissement, & se paissent à grosse beccade de viande froide, nature estant debile & refroidie ils ne peuuent faire leur digestion, tellement que la viande s'emplotte, cōme se fait ordinairemēt d'vne aisle de poulle toute chaude sās lauer.

## *DES DROGVES ET MEdicaments propres aux oyseaux chacun en son espece, & selon leurs maladies.*

L'Aloës chicottin se donne pour purger, & faict de grands effects.

L'Aloës Messine conforte, & purge les flumes.

La Rubarbe conforte le foye, & attire les eaux, & fortifie la veuë.

Le baume conforte les playes, & les purifie.

La momie purge la corruption.

Le gerapigra fortifie & purge le corps.

L'aguaryc purge le cerueau.

La manne de Calabre purge doucement, esclaircit le sang, & donne appetit.

Le mastic se donne pour le mal frenetique.

Le safran nettoye & faict mourir les filandres.

Le miel rosat se donne pour le chancre.

Le clou de girofle rechaufe & preserue contre le rume.

La canelle seiche la playe, & faict reuenir la peau.

La conserue de rose liquide

purge, donne appetit & rafraichit.

La conſerue ſeiche purge la viãde mal enduite, & oſte les mauuais rapports.

L'huille d'amende douce eſt pour éuacuer les flumes, ouurir le boyau, & oſte le rume.

L'alun de glace bruſlé ſe donne pour le chancre.

La poudre à vers ſe donne pour les filandres.

L'eſtafiſague ſe donne pour les mites aux oyſeaux de poing.

Le poiure eſt pour poiurer, & la graine bonne contre le rume.

Le lart & moüelle de bœuf pour les pileures douces.

Le mirrhe eſt quelquefois en vſage pour mettre aux pileures.

Le ſucre candy & commun eſt pour faire paſſer & eſmutyr.

De l'eau d'anis pour rafraichir.

De l'eau de fenouil contre la craye, & pour rafraichir.

De l'eau d'vn enfant masle se donne puur rompre les œufs.

De l'eau de vigne se donne pour rafraichir.

De l'eau seconde pour le chancre.

De l'eau forte dernier remede pour le chancre.

## *DES HERBES PROPRES pour les Oyseaux, tant pour les maintenir en santé que pour les mettre en estat.*

LA blanche aloine, ou fort, met en appetit, & appaise les filandres.

L'esclaire se donne pour purger rudement.

La paquerette se donne pour

mettre vostre oyseau en estat.

La ruë est pour fortifier & refaire le pannage, & attirer du cerueau.

La racine de percil se dõne pour faire esmutyr vostre oyseau.

L'herbe de Fauconnier se dõne pour mettre vostre oyseau en estat.

La veruaine se donne pour appaiser les filandres.

La teste de soury se donne pour le chancre.

Le trognon de chou est pour refaire les pannes faucees.

La jombarde, pour fomentation.

Le fenouil-grec pour fomentation.

La graine de lin pour fomentation.

La rose de Prouin pour fomentation.

Du vin

Du vin clairet pour faire la composition auec les herbes cy deſſus pour la fomentation.

De l'ancre eſt propre pour le chancre.

Les aulx ſe donnent pour reſchaufer contre le rhume, & donnent appetit.

## DES REMEDES POVR *guerir & purger les Oyſeaux.*

POur faire pileures douces, faut prẽdre du lart le gros d'vn petit eſteuf, le faire fondre ou racler, mettre autant de moüelle de bœuf, & trẽper le tout enſẽble dãs de l'eau vingt-quatre heures, changeant d'eau deux ou trois fois; prenez auſſi la peſãteur d'vn demy eſcu de ſafran, & tirez le lart & moüelle & les laiſſez ſeicher, puis pulueriſez le tout enſemble auec du ſucre, & de ce faictes pileures qui ſe donnent pour toute ſorte de maladies: vous y pouuez adiouſter vn petit de Rubarbe ſelon qu'il ſera beſoin.

Pour vn Oyſeau qui a rhume, filandres, eſguilles, efforts & choc, prenez vne dragme d'aloës, vne dragme de mirrhe, demye dragme de ſafran, ſix cloux de girofle, vne once de manne, demye dragme de Rubarbe, pulueriſez le tout enſemble, & en faictes vne maſſe que vous enfermerez en vne boëte, & vous en dõnerez à voſtre oyſeau de quinzaine en quinzaine vne fois ou deux, comme vous cognoiſtrez luy eſtre neceſſaire, le gros d'vne noiſette dans ſa cure, & qu'il ne tienne ny haut ny bas.

Pour donner à ietter à voſtre Oyſeau, & luy faire rendre le double de la mulette, prenez de la manne de Calabre de la grosseur d'vne petite cure, & la puluerisez bien, mettez-y du sel gris selon la qualité de vostre oyseau & sa force, si c'est vn Tiercelet de Faucon, vn gros grain, pour vn Faucon deux, & deux cloux de girofle concassez, mettez le tout dans la manne bien enueloppee : la manne est si douce que si ce n'estoit le sel & le clou l'Oyseau ne rendroit rien par haut, il ne se peut rien donner de plus doux, il la faut saupoudrer de sucre.

Autre recepte pour donner à ietter à vostre oyseau, prenez de la cõserue de rose liquide, le gros d'vne cure, & mettez le gros d'vn poy d'Aloës au milieu, & la saulpoudrez de sucre, & la baillez à vostre Oyseau, & le tenez sur le poing iusques à ce qu'il aye fait deux esmeux.

Autre recepte pour purger facilement vostre Oyseau. Prenez vne pierre d'Aloës Messine que luy ferez prendre, elle n'empaste point la gorge de l'Oyseau, ny ne le degouste point comme l'Aloës chicottrin: l'Aloës est plus propre aux oyseaux niaiz qu'aux passagers. Plusieurs fois que i'ay monté à cheual pour aller faire voller les oyseaux qui n'auoient point curé, ie leur ay mis vne pierre d'Aloës dans la gorge, ils rendoient incontinent leur cure, & vn quart d'heure apres les faisant tirer sept ou huit beccades, ils voloient mieux que si autrement en eust esté. Ie n'en ay iamais eu de dégousté, ny de malades pour cela.

Autre recepte pour donner à ietter à vostre oyseau, quelquefois que l'on est aux champs qu'on ne peut recouurir des drogues. Prenez de la racine d'esclaire, & la raclez bien, & la hachez bien menu, & la mettez tremper dans de l'eau comme deux fois plein vne cuilliere à bouche, si vostre oyseau est dur & robuste, mettez de l'Aloës en poudre dedans, & faites-la tiedir auant que de luy bailler, & luy faictes aualler l'eau la premiere. Le iour que vous donnez à ietter à vos oyseaux, gardez vous bien de leur donner à manger de long-temps apres, & le moins que vous leur en pourrez bailler, c'est le meilleur.

### DES MALADIES QVI *arriuent aux Oyseaux, & comme il les faut cognoistre, leurs causes & remedes.*

CEluy qui a la charge de quantité d'oyseaux pour les bien

gouuerner & les faire viure longuement doit recognoiſtre leurs maladies, & par ceſte recognoiſſance y apporter les remedes neceſſaires pour les bien panſer.

Premierement pour cognoiſtre le rhume, vo[9] leur verrez fermer vn œil, la veuë chargee, le coing des yeux enflez, eſternuer, la teſte heriſſee. Pour cognoiſtre le chancre vous les verrez machonner & bauer en mangeant, & allonger le col pour aualer. Pour cognoiſtre la craye, vous remarquerez s'ils ſe baiſſent ſur le poing, & ont du mal à eſmutyr. Pour cognoiſtre les filandres, c'eſt quand l'oyſeau faict de grands baillemens eſmutiſſant en allongeant le col, & porte ſouuent la teſte ſur ſes reins, il a les yeux enfoncez, la teſte heriſſee: il faict la meſme mine pour des eſguilles.

Le haut mal se cognoist aisement par les actions. Le mal subtil se cognoist quand ils desirent manger, & ne proffitent point. Pour le panthois il se cognoist quand il bat sur la crouppe, quand vous luy presentez la viande il machonne & faict le niquet. Au siege de la Fere i'estois logé dans vne caue auec mes oyseaux, là où ils m'apprenoient à leur remuement le tẽps qu'il deuoit faire; S'il doit pleuuoir vous les voyez s'éplucher, manier les pannes l'vne apres l'autre, chaper les yeux, s'il doit faire beau temps que le Soleil luise, ils branlent sur la perche, ils se secoüent souuent & ouurent les aisles, se tourmentent & desirent voler. Par vne grande froidure ils piétinent incessamment sur la perche, & desirent de manger, & si tost qu'ils ont mangé ils ſe mettent la teſte à la plume, & veulent dormir. Pour cognoiſtre ſi vos oyſeaux ſont en ſanté, il faut le ſoir, quand vous les découurez, mettre vn fagot au feu, & qu'ils voyent le feu, & que perſonne ne leur nuiſe, vous les verrez enduire, eſplucher, bander, ſe prougner, faire l'Ange, & ſecouer ſouuent. Voyant faire tout ce que deſſus, vous pouuez dire qu'ils ſe portent bien.

Ie parleray maintenant des cauſes de leurs maladies, & commanceray au chef où il ſe forme des rhumes. La cauſe du rhume vient de chaud & de froid, qui eſt lors que voſtre oyſeau a volé, & qu'il a fait de grands efforts, puis en ſe paiſſant il s'eſchauffe encor, & apres vient à ſe refroidir auant que d'eſtre au logis; & auſſi quand ils ſont moüillez, ſoit lez, ſoit du bain ou de la pluye, & que l'on les met à la perche qu'ils ne ſont pas bien ſecs deſſus & deſſous. Le rhume vient de poudre & de fumee, il eſmeut tellement qu'il en vient vn rhume que nous appellōs rhume leger : Vne autre cauſe eſt que l'on tient ſon oyſeau ſalle, d'où s'engendre grande quantité de flumes, qui ſe forment dās le cerueau, & ſe recuiſent, & à faute d'y remedier il ſe forme du chancre qui paroiſt à l'aureille ou à la gorge: Vne autre cauſe eſt quand voſtre oyſeau a eſté long-temps ſans tirer, & que vous le faites tirer par outrage : auſſi quand ils ont eſté trop long-temps aux champs ſans manger, & que l'on leur baille la viande ſans réchaufer, & auſſi de les percher où ils ayent du vent coulis, & en lieu aquatique, qui eſt la cauſe

& origine de tout rhume. Pour y remedier faut donner à vostre oyseau trois ou quatre fois des pileures douces, & y adiouster vn peu d'aguaric, & en les baillãt faut qu'il y aye vn iour entre deux. Il le faut tenir chaudement, & ne le faut pas porter dehors : il luy faut donner de l'huille d'amande douce auec sa viande : comme aussi du clou de girofle cõcassé dedans sa cure, auec du poiure & de l'aguaric. Apres que vous aurez faict ce que dessus, si le rhume commance à se molifier, faut faire abattre vostre oyseau, & luy frotter le lampas d'vn petit de vinaigre & de poudre de poiure, & se faut bien garder de le porter à l'eau. Il le faut tenir aupres du feu, & le faire tirer peu à peu pour faire distiler son rhume. Il y a de trois sortes de rhume; rhume formé, rhume enraciné, & rhume leger : Formé quand il paroiſt en chancre dans l'aureille, ou bien en bourſe. Enraciné c'eſt lors qu'il eſt dans le cerueau, dans la luette & dans les conduits du cerueau. Leger c'eſt quand voſtre oyſeau a eu de la fumee & de la pouſſiere, ou que vous l'auez trop eſmeu à le faire tirer.

Apres auoir fait ce que deſſus, ſi le rhume enraciné ne ſe guerit, il faut hãcer l'oyſeau, & luy fendre les nazeaux en tirant vers le bout du bec auec le feu leger qui ne luy touche pas le frelon, puis luy eſteindre le feu auec du ius de limaçon rouge, & l'adoucir auec de la greſſe de poulle, puis luy laiſſer tomber l'eſcarre. Voila comme l'Alep que la Majeſté de la Royne apporta lors de sõ mariage auec le feu Roy, a eſté guery du rhume enraciné, lequel i'ay mué neuf muës depuis. Quant à celuy qui paroist par le chancre; faut auoir vn ferrement bien subtil, fendre la bourse & vuider le chancre qu'il n'y demeure rien, & se faut garder de le faire seigner; puis auoir de l'alun bruslé en poudre, & du miel rosat, & emplire la bourse, & luy donner de l'huille d'amande douce auec sa viande: puis au bout de vingt-quatre heures si la bourse n'est en escarre, il la faut toucher auec de l'eau seconde d'vn petit bouton d'estoupes bien subtil qui ne touche que le lieu là où estoit le chancre. Pour le rhume leger, faut purger comme il est dict cy dessus de pileures douces.

Les Oyseaux sont subiects à auoir de trois sortes de chancre, sçauoir du chancre volant, chancre en bourse, & chancre en bouton:

le volant procede du foye quand l'Oyseau se tourmente excessiuemẽt, il se romp certaines petites veines qui sont autour du foye, le sang qui ne se peut exhaler auec la grande chaleur se forme en petites papillottes de chancre qui se viennent presenter à la gorge de vostre Oyseau, si vous le nettoyez vn iour, le lẽdemain il en aura encor dauãtage. Pour le chãcre en boutõ il se forme dans le corps de l'oyseau faute qu'il n'est pas bien tenu, qu'il est plein de flumes, de mauuaises viandes corrompuës, que l'on ne luy donne pas à curer tous les soirs, ny à ietter quand il en est besoin. Pour le chancre qui se forme dans vne petite taye que nous appellons bourse, i'en ay faict recit parlant des rhumes cy deuant, & traicté comme il faut y remedier. Pour le chancre en bouton il le faut tirer doucement auec vn ferrement propre, gardez vous, s'il est possible, qu'il ne seigne; puis le faut nettoyer auec du jus de l'herbe nommee teste de soury, & y mettre de l'alun bruslé en poudre, s'il ne faict escarre; il faut toucher le lieu où estoit le chancre seulement d'eau seconde, & s'il ne faict encore escarre, il le faut toucher d'eau forte, qui est le dernier remede; donnez luy de l'huille d'amandes douces auec sa viande, si c'est que vostre oyseau ne commãce que d'auoir du chancre, il le faut purger de pileures douces, & le nettoyer & mettre de l'ancre là où estoit le chancre. Pour le chancre volant, il faut purger vostre oyseau, puis prendre de la poudre d'alun bruslé & du miel rosat, & le mettre dans vn boyau de poulle, & luy faictes aualler; faictes luy vser force huille d'amandes douces; trempez sa viãde dans de l'eau d'andiue, & que sa viande soit tousiours liquide & fraiche.

Les oyseaux sont subiects aux filandres & esguilles qui s'engendrẽt de mauuaise viande corrompuë; & aussi qu'il y a des oyseaux qui en ont naturellement; elles se nourrissent de la viande mesme que mange l'oyseau. Pour preuue quand nous les tenons en estat, & qu'ils sont longuement sans manger, c'est lors que les filandres les tourmentent: ordinairement que nous sommes aux champs aupres du Roy qui a si grande quantité d'oyseaux à faire voler; nous sommes contraints de donner des beccades à nos Oyseaux pour appaiser les filandres qui les tourmẽtent de telle façon qu'ils tõbent presque en bas du poing: & bien souuent à faute de nourriture, comme quand on sort les oyseaux de la muë, elles leur percent le rouge, & les font mourir. Pour remedier au mal des filandres & esguilles faut donner à vostre oyseau des pileures de la qualité mentionnee cy deuant, & leur faut donner de la blanche aloine dans leur cure. Prenez vne gousse d'ail, & ostez le germe, & remplissez le trou de safran, & le mettez dans sa cure, quand vous ouurez vne poulle baillez luy l'amer, & qu'il le mette bas auparauant que de luy bailler à manger. Quand les filandres sont fort esmeuës, hachez vn col de poulle biẽ menu, & luy baillez; elles en mangent tant qu'elles creuent, & vous les voyez esmutyr à vostre oyseau: baillez luy aussi de l'huille d'amandes dès douces, elle les faict mourir : comme aussi vne cure d'Aloës en poudre qui les faict mourir, & purge vostre oyseau, & luy donne appetit. Apres auoir faict tout ce que dessus, si elles necessent de tourmẽter vostre oyseau, & qu'elles luy montent dans les reins; prenez de l'huille d'amandes douces, & destournez le pannage sur ses reins, & luy en frotez la peau; donnez luy aussi du jus de blanche aloine dans vn boyau de poulle.

Les oyseaux sont aussi subiects à auoir de la craye qui se forme au fondement; à faute d'y remedier, cela les faict mourir : Ceste maladie vient de leur donner du mouton sans lauer, & de leur donner de trop grosses gorges. Les oyseaux de rapine ont vne chaleur extreme qui consomme la viande que l'on leur baille toute en trois heures: & la viãde de mouton qui eſt de ſon naturel chaude ſont deux chaleurs enſemble, qui auec la trop groſſe gorge recuiſent le cours des eſmeux, & ſe forme vne dureté comme vne pierre de craye. Pour remedier à ceſte maladie, il faut donner à voſtre oyſeau trois ou quatre fois des pileures douces, & qu'il y aye vn iour entre deux: luy faut tremper ſa viande d'huille d'amandes douces, ou bien dans de l'huille d'oliue batuë à trois paires d'eau: donnez luy vne pileure de manne de Calabre de la compoſition mentionnee cy deſſus, preſentez luy de l'eau tous les ſoirs, car la craye ne s'engendre que de chaleur, & faute de rafraichiſſement: quelques iours apres donnez luy vne cure d'Aloës en poudre. Apres auoir fait tout ce que deſſus, s'il ne guerit, prenez vn lardon gros comme pour larder vn chapon, & le trempez dans de l'huille d'amandes douces, & faictes abatre vostre oyseau, & luy mettez dans le fondement, & luy faictes tenir le plus long temps que vous pourrez; apres baillez luy vn morceau de conserue seiche, vous verrez incontinant sortir la craye: il luy faut bailler sa viande liquide auec toutes sortes de rafraichissemens, comme il est mentionné cy dessus des rafraichissemens.

Les oyseaux sont subiects à vne maladie nommee le mal subtil, qui est comme hidropisie aux corps humains; Il prend son origine de mauuais traitements, de luy bailler la viande trop chaude ou trop froide, comme du vieux Pigeon tout chaud sans lauer, ny mortifié, à continuer cela eſt fort contraire. Ils nous le monſtrent bien quand ils ſont en leur ramage; quand ils ont pris leur gibier, les oyſeaux de poing le ſerrent & eſtoufent, & les oyſeaux de leurre luy coupent la gorge; puis les vns & les autres le plument, ils le tournent deſſus & deſſous, & le plus ſouuent ils commancent à tirer ſur les aiſles pour le laiſſer mortifier. Il eſt bõ d'en donner quelque gorge à vn oyſeau que vous voyez qui eſt deſnué & refroidy, encore la faut baſſiner d'vn petit d'eau fraiche. Durant la muë penſant bien faire à mes oyſeaux de leur en donner ſans rafraichir, ils eſtoient dégouſtez, & ſi i'euſſe cõtinué ils fuſſent deuenus malades.

Il y a de quatre ſortes de viandes deffenduës à vn oyſeau malade, le vieux Pigeon, la Caille, le Moyneau, le Ramier & le Biſet; le ſang en eſt fieureux. Quand vn oyſeau eſt malade, pour cognoiſtre ſa maladie, il faut conſiderer ſes actions, & comme il enduit, & ſes eſmeux: s'il a la fieure le corps luy fremit, il a les deux mains triſtes, froides, & comme mortes: ſi on luy preſente de l'eau, & qu'il boiue en poulle, c'eſt mauuais preſage, principalement aux Tiercelets d'Autour de paſſage: outre cela il a les yeux chappez, il machonne ſouuent, & deſire de l'eau. La cauſe du mal ſubtil vient, comme il eſt dict cy deuant, de chaud & de froid, car l'oyſeau de rapine ayant l'eſtomach & le foye ſi chaud qu'en trois heures il conſomme la viande en l'eſtat que vous voyez qu'il eſmutit, ſi vous luy donnez du vieux Pigeon qui a le ſang & la viande extremement chaude, venant à ſe rencontrer auec la chaleur du corps de l'oyſeau, ces deux vehementes chaleurs font vne confuſion telle que la digeſtion perd ſon ordre, & la viande paſſe ſans donner nourriture, il faict de vilains eſmeux, perd ſon corps, & deuient ſec. Vne autre cauſe du mal ſubtil vient lors que vous auez eſté trop long temps aux champs par vn grand froid, & que vous n'auez peu paiſtre voſtre oyſeau; ſi on donne la viande toute froide à ce corps qui eſt tranſi pour l'auoir tenu en eſtat tout le iour, nature eſt tellement refroidie, qu'elle a perdu ſon ordre de faire ſa digeſtion, & la viande deuient en humeurs & flumes, qui fait perdre le corps à voſtre oyſeau. Vne autre cauſe eſt quand vous donnez de trop groſſes gorges à voſtre oyſeau, & gorge ſur gorge: il vient auſſi de debilité de cerueau faute de nourriture. Pour remedier à ceſte maladie, dautãt que le foye eſt le plus offencé, qui cauſe qu'il ne fait plus ſes operations, faut donner des pileures douces, & y adiouſtez de la Rubarbe pour conforter le foye, leſquelles pileures nourriſſent & reſtaurent, il les faut dõner de deux iours l'vn; puis luy faut donner trois heures apres qu'il aura paſſé ſa pileure quelque demie gorge de viãde bonne & bien paſſante: ſi c'eſt vn oyſeau de paſſage, donnez luy d'vne cuiſſe de poulle: ſi c'eſt vn oyſeau niaiz, donnez luy d'vn filet de moutõ, ſa viande trẽpee d'huille d'amandes douces; donnez luy ce que vous cognoiſtrez qui le reſtaure, & luy donnez nourriture peu & ſouuent, comme vous recognoiſtrez ſon appetit : puis comme il aura repris ſon corps, & qu'il commancera à ſe bien porter, vous le porterez aux champs, n'y ayant rien qui réjouiſſe tant vn oyſeau que de le faire voler, & de luy faire tuer quelque vif, mais il ſe faut bien garder de le trop eſchaufer : preſentez luy le bain, s'il ſe baigne il eſt guery : mettez du fort dans ſa cure, ou du clou de girofle concaſſé.

Les oyſeaux ſont ſubiects à vne maladie nommee Panthois, de laquelle il y en a de deux ſortes: l'vne procede de la mulette, des eſforts, de mauuaiſe viande froide ; que le foie & les rouges ſont tellement offenſez qu'ils battent inceſſamment ; & pour bien cognoiſtre ceſte maladie, ils battent ſur la croupe comme vn cheual pouſſif, qui

eſt

eſt vne maladie incurable. Pour l'autre batemēt de mulette, il faut purger voſtre oyſeau de pileures douces & le nourrir de viāde legere, douce & biē paſſāte: puis quelque iours apres luy donner vne pileure qui le purge & luy face rendre le double de la mulette, faites luy vſer de l'huille d'amandes douces pour luy ouurir les pores; puis le faictes tirer doucement deuant le feu. Ceſte maladie vient de froid, de fumée, de poudre, de flumes, faute que l'Oyſeau n'eſt pas bien tenu nettement, & que l'on ne luy donne pas à curer tous les iours, & qu'il n'eſt pas purgé quand il eſt beſoing: il ſe fault bien garder de le baigner ſur ſa gorge pour le mal cy deſſus.

Les Oyſeaux ſont quelquefois eſchauffez dans le corps: la chaleur procede des viandes qu'ils ont māgées trop chaudes, comme d'vn vieux Pigeon, du ſang d'vn oyſeau de riuiere, d'vne Perdrix, du Mouto sãs lauer, & auſſi du trauail qu'ils font lors qu'ils volent, tout ce que deſſus leur dõne vne chaleur & grãde alteration, tellement qu'à faute d'y remedier ils meurent, principalement les Oyſeaux de poing en eſté. Pour cognoiſtre ceſte maladie, ils machonnent, s'ils voyent ou entendent de l'eau ils pietinent tous couuerts ſur le poing: dãs leurs eſmeulx vous y voyez de petites bouteilles blanches. Pour remedier à ceſte maladie, ſi c'eſt vn Oyſeau de poing, dõnez luy du beurre frais battu ſans lauer, trempez ſa viande dans de l'eau d'andiue & dans du laict clair; battez deux aubins d'œuf tant qu'ils deuiennent en mouſſe, & ce qui en diſtilera faictes luy prédre auec sa viande, & luy presentez tous les soirs de l'eau fraiche: prenez aussi de l'eau de racine de percil & de fenouil, pour lauer la viande, & ce remede est tant pour les Oyseaux de leurre que de poing.

Il arriue aux Oyseaux vn mal nómé la pepie: faute d'y remedier viennent les barbillons qui procedent de grande chaleur & alteration, les Alepz y sont fort subietz. Pour remedier à ce mal, faut faire abattre vostre Oyseau, & auoir vn ferrement bien delié qui ne tranche point, prenez luy la langue auec les deux doigs, & subtilement luy ostez sãs le faire seigner s'il est possible, puis ayez du sel en vostre bouche, & touchez le lieu où estoit la pepie, c'est ce que i'ay faict aux Aleps qui s'en sont bien portez, & aux autres: pour aussi cognoistre ceste maladie c'est quand ils prennẽt la viãde, & ne peuuẽt manger.

Les Oyseaux sont aussi subietz à de grandes deffluctions qui leur tombent sur les jambes, & sur les mains, principalement le Gerfaut, le Sacre, & le Lãnier: ceste maladie vient de grande abondance d'humeur, & que les corps sont disposez à cela, comme vous voyez des corps humains qui sont subiectz à auoir des vlceres: pour preuoir à cette maladie, quãd vous voiez que vostre Oyseau a les mains grasses, il le faut purger souuent, mesme le faire seigner de la serre hors l'homme: quand ceste defluction a pris son cours, il est mal aisé de le guerir: si vous luy arrestez les veines, ou que vous luy rompiez les jambes, le cours de l'humeur sera bouché: à faute de s'éuaeuer, il arriuera vne maladie à vostre Oyseau qui sera pire que la premiere, ceste humeur tombant sur vne autre partie où elle fera plus de dommage que si on la laissoit prendre son cours ordinaire; c'est pourquoy ie dis & par experiēce que ceste maladie est iucurable, & que ie n'en ay point veu guerir.

Il arriue aux oyseaux en volāt des blessures aux mesprises qu'ils se font les vns aux autres, & des piqueures iusques au sang: il les faut estuuer promptement de vostre vrine; puis si tost que le mal est sec, ayez de la canelle en poudre, & en mettez sur la playe, puis faut auoir de l'huille de baume, la tiedir, & en froter la playe: apres faut auoir de bon vin clairet vn bon verre, & vn tiers d'huille d'oliue, & le faire boüillir tant qu'il deuienne comme plein vne coquille d'œuf, & arrousez souuent la playe de vostre oyseau auec vne plume: C'est cõme a esté guery vn Alep qui auoit le col tout depoüillé & meurtry.

Il arriue aux Oyseaux vne maladie nommee frenetique, qui vient de leur faire endurer trop grande faim & froid, & trop grand trauail; pour cognoistre ceste maladie, quand ils sont sur la perche ou sur le poing, ils tournent la teste de trauers, & tournent les yeux, & se laissent quelquefois tomber. La cause de ce mal est qu'ils ont le cerueau vuide & estonné: il les faut restaurer auec des filets de moutõ & pigeonneaux, donnez leur demy filet de mouton, afin que vous leur en puissiez dõner deux ou trois fois le iour, & fondez de la gresse de poulle, & y trempez sa viande: il le faut laisser reposer & le tenir chaudement: s'il fait Soleil, mettez l'y deux ou trois heures; ne luy presentez pas le bain qu'il n'aye bien repris son corps, & quand il se baignera il sera guery.

Il arriue aux oyseaux vne maladie appellee du haut mal, qui procede d'vne mauuaise disposition & grande chaleur du foye, qui mõte au cerueau, & pour l'auoir trop faict ieusner & trop trauaillé; si tost que vous en apperceurez, purgez vostre oyseau de pileures douces, & y adioustez de l'aguaric & de la Rubarbe, deux ou trois iours apres faites abatre vostre oyseau, & luy regardez dans le trou qu'il a derriere la teste, vous y trouuerez vne veine qui est deliee comme vn cheueu, ayez vn bouton de fer bien delié, & luy donnez le feu leger sur ceste veine, & ayez vn limaçon rouge, & le preſſez, & de ce qui en ſortira frottez là où vous aurez donné le feu: il luy faut donner de bonne viande peu & ſouuent, faictes luy prendre de l'huille d'amandes douces auec ſa viande, c'eſt vne maladie bien difficile à guerir quelque remede que l'on y puiſſe faire.

Il arriue aux oyſeaux par faute de deuoir, qu'ils s'emplottẽt des cures dans la mulette, i'en ay veu quelque fois leur ouurir la mulette, & quand i'y ſerois appellé, ie ferois comme i'ay veu faire, ſans en auoir autre experiẽce, par ce que cela ne m'eſt arriué.

Ie lairray les autres choſes plus ayſees & triuiales qui ont eſté traictees par tant d'autres, mon deſſein n'eſtant que de faire voir ce que l'experience m'a appris.

FIN.

Pour guerir la peste des
oyseaux de poing
fault prendre la fleur de
certeine herbe qui vient
dans les prais que lon
nomme trefle elle vient
par houpes de couleur blia
motte, ou coulombin on pren
ces houpps entieres & on
les met devant les oiseau
malades & ils les prenen
deux mesme jusques a
quinze ou saize & aussi
tost quilz les ont curees
fault leur en representer
d'autre & par ainsy evoit
grand hazar sil ne guerit point
car ce remede est approuvé
[illegible]

www.ingramcontent.com/pod-product-compliance
Ingram Content Group UK Ltd.
Pitfield, Milton Keynes, MK11 3LW, UK
UKHW021103260726
13994UKWH00002B/673

9 782329 400761